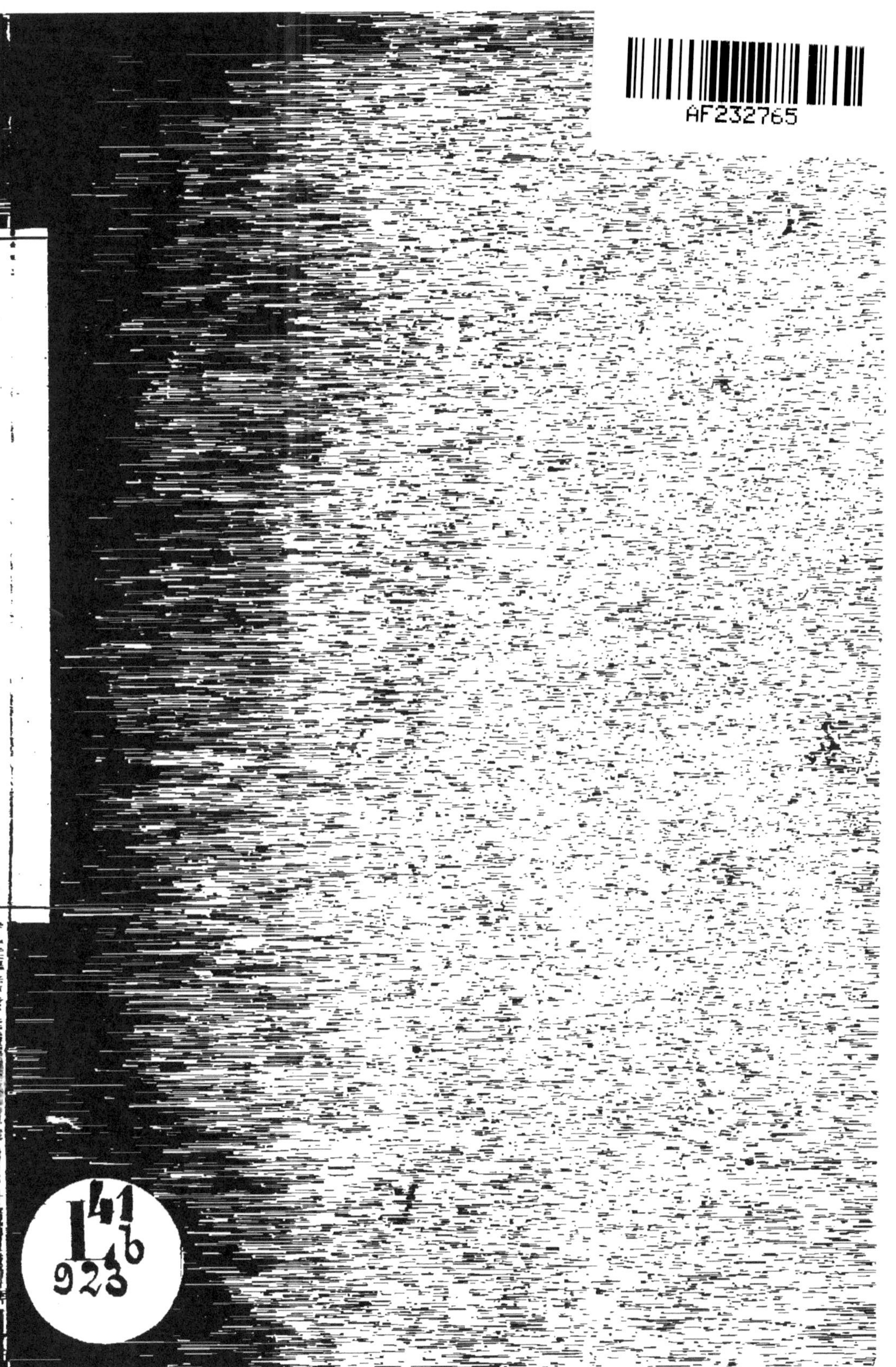

VÉRITÉS INCONTESTABLES.

SI la cause que je défend n'étoit qu'une que-
relle particuliere entre Chaumette et moi, je me
tairois ; mais c'est la cause du peuple non-seule-
ment de Paris, mais de toute la République,
*car il n'y a jamais de légère atteinte portée à ses
droits ; la premiere est toujours un grand crime,
et ce n'est que par des nuances presqu'impercep-
tibles que l'on commence à sapper sa liberté.* Si le
peuple de Paris regardoit indifféremment cette
grande cause que je porte à son tribunal , cause
dont il doit compte à toute la République, il
reconnoîtroit sa dépendance de ses mandataires ; il approuveroit tacitement toute les atteintes
portées par eux à la liberté, il les encourageroit
à l'asservir, et leurs moyens seroient d'autant
plus infaillibles qu'il leur a remis toute sa force ,
et que c'est lui qui la constitue cette force ; le
peuple seroit donc lui-même le principal et premier agent de sa servitude ; si Paris montroit
cet excès de foiblesse . la France entière seroit
bientôt asservie, et au lieu d'un tyran elle en
auroit autant que de mandataires qui ne man-
queroient pas de parler sans cesse de liberté , et
d'en prendre tous les emblêmes ; notre bonheur
commun dépend donc de la manière dont se

terminera ce grand procès ; que tous mes concitoyens dont j'éveille l'attention soient bien
en garde contre les sujestions perfides que l'on
pourroit répandre parmi eux ; que c'est par des
mésures révolutionnaires que l'on m'a destitué
d'un poste où ils m'avoient placé , par leur volonté toute puissante , *car ce seroit déclarer que
révolutionnairement l'on détruit tous leurs droits ,
l'on anéanti leur liberté , et l'on méconnoît de la
manière la plus formelle la souvéraincté du peuple.*

DUNOUY,

APPELANT AU PEUPLE,

CONTRE CHAUMETTE ET CONSORS, (1)

IL est bien douloureux pour moi, d'être obligé, pour me défendre de la calomnie et du mensonge, d'employer un temps, qui ne doit être consacré que pour la République, à qui j'ai voué depuis la révolution toutes les facultés dont la nature m'a doué.

Si je ne consultois que mon intérêt et ma personne, j'abandonnerois au temps à faire connoître l'imposture dont je suis la victime : mais revêtu de la magistrature populaire d'une cité de plus de 600,000 ames, je serois indigne de la confiance et de l'estime dont mes concitoyens m'ont deux fois investi, si j'abandonnois aussi lâchement leurs droits, et je mé-

---

(1). La méchanceté ayant voulu persuader au conseil que le mot consois le désignoit, je déclare que je n'ai eu en vue que mes accusateurs. Et le conseil, entraîné par Chaumet, doit le rendre responsable comme ayant fait violer les loix dont il est l'organe

riterois réellement d'être proscrit du nombre de leurs élus; je suis sur de la brêche, je soutiendrai l'assaut.

Je porte donc aujourd'hui devant le peuple qui nous a tous nommé, et qui a voulu que nous soyons ses magistrats, non macause et celle de mes collègues, qui comme moi se trouvent frappés d'un acte tyrannique, acte prononcé sans aucune espèce de délit, sans crime, sans jugement; acte violateur de toutes les loix, de tous les droits, et attentatoire à la souveraineté du peuple.

C'est donc la cause du peuple même, que je porte devant lui, afin qu'il déclare hautement s'il n'a fait que changer de chaînes; s'il abandonne ses droits qu'il a reconquis par tant de dangers et de sacrifices, si enfin il est l'esclaves de se mandataires. Jusques là je défendrai au péril de ma liberté et de ma vie les droits qui me sont confiés, et si je suis coupable pour cela, qu'il prononce; car je le suis invariablement depuis 1789.

J'avois résolu de ne ne jamais occuper mes concitoyens de moi, mais aujourd'hui je suis forcé de le faire par la loi impérieuse des circonstances, et comme citoyen et comme magistrat; comme citoyen en combattant pour la liberté que je vois attaquée de mille manières depuis quatre ans; mais la plus dangereuse, et contre laquelle ne suis le plus en garde, c'est les flatteries continuelles que certains hommes (qui se sont faits patriotes pour faire leur fortune), donnent au peuple dans toutes occasions. C'est avec cette tactique, qu'au nom de la liberté ils en sapent les fondemens. Les ci - devant grands avoient leurs flatteurs, parce qu'ils avoient des places, des dignités et des richesses à disposer. Le peuple a aussi ses flatteurs, parce qu'il donne des places, des dignités et des richesses. Ils ont toujours, ces hommes, le nom du peuple à la bouche, ils le flagornent sans cesse. A coup sûr ils le trahiront ; car un flatteur est toujours perfide ; et pour eux, celui qui le sert de bonne foi, et sans lui dire, est toujours un voisin incommode.

Comme magistrat, dont je sens toute la dignité, je dirai franchement et hautement la vérité, sans considération ni pour les hommes, ni pour les places qu'ils occupent. Il est temps d'opposer un frein aux atteintes livrées par l'intrigue à la représentation populaire. Il est temps que ceux qui se trouvent honnores de la magistrature la défendent, et prouvent qu'ils sont dignes d'en être revêtus.

L'attentat exercé contre ma sûreté individuelle, mon honneur et mon existance politique. compromet les droits les plus sacrés du peuple, il anéanti dans sa source la liberté, et le premier exercice de la souveraincté, celui de nommer ses mandataires.

Les loix révolutionnaires et ceux qui sont institués pour les appliquer, ou le vœu bien prononcé de la majorité du peuple qui a élu, voilà ce qui est seul légitime pour la destitution d'un magistrat. Cette censure des corps qui fait exclure les élus par d'autres élus, qui sert si bien les passions, les jalousies, les haines et les vengeances particulières, voilà ce que je ne connois pas; voilà ce qui est contraire à tous les principes; voilà ce contre quoi j'avertis que je combattrai jusqu'à extinction.

Tous les journaux qui semblent toujours aux gages des hommes que la renommée préconise ont mis scrupuleusement tous les faits argués contre moi par Chaumette et consors, et ont, par ce moyen, d'autant plus prévenu contre moi, qu'ils ont étrangement dénaturé et rendu méconnoissable une lettre que j'ai écrite au conseil le 15 Frimaire, dans laquelle ils me font jouer le rôle de repentant et de suppliant, en place du personnage d'homme libre et fort de sa pureté, dont j'y conserve l'attitude (1).

____

(1) Je mettrai copie de cette lettre à la fin de ce Mémoire, et l'on y verra une manière adroite et délicate de faire revenir, un corps respectable (à tout égard), d'une erreur dans laquelle il a été entraîné ; l'on y verra une invitation fraternelle et sensible, de péser de nouveau cet acte qu'il n'avoit pas droit de prendre, l'on y verra un homme sensible, vivement affecté de l'apparence même d'un soupçon,

Je déclare à mes concitoyens que je ne la perdrai pas cette attitude ; je déclare que je saurai défendre l'honnorable titre de leur magistrat qu'ils m'ont confié ; je déclare que je ne me regarde point du tout comme l'ayant perdu ; je déclare que ceci va être un procès éclatant qui fera connoître au peuple, ceux qui le servent de bonne foi sans intérêt, et pour le seul plaisir de le faire, d'avec ceux qui ont prit un masque et un jargon patriote, pour faire leurs affaires. Ce procès ne peut être jugé que par les citoyens qui m'ont élu, passé et repassé au scrutin épuratoire, ou par la convention à qui j'ai porté cet objet auquel notre liberté est plus intimement liée que l'on ne pense.

Le 13 Frimaire, je fus accusé par deux de mes collègues d'avoir tenu, il y a environ quinze jours, dans le bureau de la commission des passeports, des propos insultants contre le peuple, au sujet de l'état d'arrestation de Garin ; propos sur lesquels ils ne parvinrent pas à s'accorder pour y donner une même version, malgré qu'ils s'étoient mis exprès ce jour, à côté l'un de l'autre : un autre membre qui n'y étoit pas, les appuya en assurant qu'ils étoient dignes de foi, ayant tout deux les cheveux gris ; qu'en conséquence je devois être renvoyé.

Ce qui m'étonne encore, c'est que le conseil ait pu se laisser entraîner par une dénonciation aussi vague, aussi destituée de fonde ment et autant contraire à tous mes principes connus , et à toute ma conduite depuis la révolution , et sur-tout avec la motion sur laquelle j'ai été interrompu , que je renouvellois pour la troisième fois , qui étoit *que le conseil chargé des droits de tous et protecteur de chacun en particulier* , nomme dans son sein des commissaires (dont je m'offrois d'en être un), pour prendre des renseignemens sur les citoyens connus qui se trouvent arrêtes , afin que s'il n'y a point de causes graves contre eux , le conseil par l'organe de ses commissaires puisse former des réclamations auprès du comité de sûreté générale en faveur desdits citoyens détenus. Et c'est dans l'instant où je peignois ma crainte , de voir souffrir un seul innocent , que l'on m'accuse d'avoir insulté à la misère du peuple. je ne le croirois pas si je n'en étois pas la victime ?

Avant que de mettre aux voix si je serais renvoyé , l'on demanda qu'un commis de leur bureau , qui étoit là présent soit entendu : invité de parler il hésita ; pressé de le faire , il dit , *je déclare comme les citoyens* ; sur ces entrefaits. Chaumette arrive , fait l'air étonné , demande Dunouy , est-il ici , oui répondis-je ; alors il invita les susdits membres de répéter, ce qu'ils firent avec des nuances différentes de leur première déclaration , j'en fis faire la remarque ainsi que de l'espèce de déclaration du commis, *je déclare comme les citoyens.*

Alors je pris la parole avec peine, car l'on ne

vouloit même pas m'entendre, et je répétai mot à mot ce qui s'étoit dit.

Voici le fait : il y a environ quinze jours, j'entrai au bureau de la commission des passe-ports pour faire viser des certificats de résidence ; à peine fus-je entré, qu'un de mes collègues me dit ; hé bien ! ton Garin vient d'être chassé du Corps électoral, et l'on apportera ce soir ici l'arrêté pour qu'il soit aussi chassé du conseil. Pourquoi ! répondis-je ; parce que, dit Queniard, il est en état d'arrestation par l'arrêté du conseil. Le conseil dis-je n'auroit jamais dû prendre cet arrêté qu'il n'avoit pas droit de prendre, et auroit dû le rapporter ainsi que je lui ai demandé plusieurs fois ; Quéniard répondit : il ne peut pas le rapporter, *c'est le peuple lui-même qui l'a pris* (1). Outré de cette absurdité, je lui répondis : tais-toi donc, avec ton peuple ; ce n'est pas ainsi qu'il exprime son vœu, *c'est dans ses assemblées.* Quéniard me dis : tu as tort de t'exprimer ainsi ; je lui répondis : tu as raison, cette parole est inconsidérée ; j'en suis fâché. Voilà la scène mot-à-mot, et je sortis.

Voilà ce mot que l'on a travesti d'une manière si odieuse et si perfide, et préparé pendant quinze

---

(1) Je vais revenir sur cet arrêté, prétendu pris par le peuple, et je lui ferai connoître combien il est criminel envers lui, et quel usage font de son nom, les hommes qui l'ont toujours à la bouche pour pouvoir mieux couvrir leurs ven-geances.

jours dans les ténébres de l'intrigue; voilà comme l'on abuse indignement du nom du peuple; voilà comme les gens astucieux et faux veulent lui faire haïr ceux qu'ils haissent; voilà comme dérisoirement il est invoqué. Oui, si j'avois dit ce que l'on me fait dire, loin d'avoir attendu quinze jours, l'on n'auroit pas attendu jusqu'au lendemain pour m'accuser : ma dure franchise ayant blessé plus d'un amour-propre, l'on auroit saisi cette occasion d'exercer les petites vengeances, mais il falloit ourdir cette trame, et c'est ce que l'on fit.

Chaumette invité de parler, dit en courbant la tête : *le conseil a prononcé, je dois me taire;* cependant j'observerai que nous devons bien prendre garde lorsque nous rejettons un membre du conseil; *car c'est dire au comité révolutionnaire de sa section de l'arrêter,* et j'ajouterai que Dunouy n'est coupable ici que d'un excès d'amitié pour Garin, que vous savez qu'il a toujours défendu avec chaleur; mais ce que je lui reproche c'est d'être *ultra-révolutionnaire, c'est d'avoir abandonné les cordeliers,* dans les instans où ils étoient en danger et où ils avoient besoin d'hommes et particuliérement *dans le tems du champ de Mars, où à peine douze membres, reste de cette société, se rassemblèrent chez Carier, rue des boucheries, et Dunouy n'y vint pas.* Je fus tellement indigné du front de cet homme, à mentir, que je ne pus pas même lui répondre un mot, et après que l'on eût mis aux voix pour savoir si, d'après d'aussi grands crimes que ceux dont j'étois accusé, l'on devoit me renvoyer, et que l'arrêt fût pris, je me levai honteux de cet acte inique, et je dis: *je désire que l'on ne mente plus ici ; je sors du conseil aussi pur que j'y suis entré, il est à désirer que chacun en puisse dire autant*, et je sortis.

Comment as-tu osé Chaumette, me calomnier avec tant d'audace, surtout avant devant toi cette pétition du Champ de Mars, que tu sais très-bien que j'ai sauvé au péril de ma vie, dans la crainte que la liste des signatures au nombre de plusieurs mille, n'en devînt une de proscription *pour les signataires*, au nombre desquels *tu n'étois pas*. Malgré toute ma répugnance à parler de moi, je suis contraint pour te confondre, de rappeller à mes concitoyens, toutes les différentes époques périlleuses, et dans aucune desquelles tu n'étois pas, soit lorsque la Fayette, après la journée des poignards, envoya cinq à six cents hommes qui cassèrent nos vîtres avec des pierres et leurs baïonnettes, (j'étois alors secrétaire), soit après que Bailly eût fait murer la porte du club, que nous allâmes dans la salle Saint-Michel, où les Forts du port aux bled vinrent nous offrir leurs bras ; soit lorsque, forcés encore de sortir de là , nous allâmes deux jours dans l'église, soit au jeu de paume rue Mazarine, où à peine nous nous rassemblâmes vingt, et d'où nous envoyâmes des députations à toutes les sociétés, pour aviser avec nous aux moyens d'arrêter cette tyrannie: soit dans la salle des payeurs, aux Grand - Augustins, où toutes les sociétés se

réunirent, et où nous reçûmes ce fameux arrêté
de Marseille contre la Fayette ; soit enfin, forcés
d'en sortir encore, chez Cirier, rue des Boucheries. Dans toutes ces vicissitudes, je faisois les
fonctions de secrétaire, et je ne t'ai jamais vu.
Chargé par la société de chercher un autre local,
nous vînmes au Musée, où est encore la société,
et je suis un des signataires du bail en son nom.
Ensuite vint la fuite du roi, le 21 juin ; j'étois
au club à neuf heures du matin, et je proposai
de sonner le tocsin et d'aller arrêter Bailly et
la Fayette : le danger ne m'étonnoit pas ; il y a
plus d'un témoin de ce fait. Nous passâmes la
nuit dans la salle et nous envoyâmes une garde
à Robespierre que nous croyons en danger,
mais tu n'étois pas parmi nous.

Il est vrai que Carle avoit menacé d'amener
ses canons devant la porte du club, et toi qui
en a autant peur que de la vérité, tu n'eus garde
d'y venir.

Le 26 ou 27 juin, j'étois porteur, moi dou-
zième, de la pétition des trente mille pour
demander à l'assemblée, que Louis soit jugé et
la république proclamée ; et moi cinquième,
passai au travers des baïonnettes et des canons
dont l'assemblée étoit entourée, et entre Bailly
et la Fayette. L'on avoit réunis dans les feuillans,
le département, la municipalité, la Fayette et
son état-major, les comités des recherches et
des rapperts, où par conséquent l'on pouvoit
nous égorger vingt fois, étant à la discrétion de

nos ennemis ; où étois-tu encore ? caché comme à ton ordinaire. Enfin à plusieurs autres pétitions qui précédèrent celle du champ de Mars, et dont j'ai toujours été, où étois-tu ? toujours loin du danger, car on ne peut nier qu'il y en avoit beaucoup dans toutes ces démarches. faites pendant ces jours de crime. Le jour malheureux du champ de Mars arriva. Je fus nommé par une masse innombrable de citoyens, conjointement avec Robert, Peyre et Vachard, pour rédiger cette fameuse pétition dont j'ai donné lecture vingt fois dans la journée ; ce fus moi qui, au péril de ma vie, la ramassa et toutes les signatures, malgré les baïonnettes et les assassins qui m'entouroient. Que faisois-tu alors, on ne te vis de tout ce jour ni de long-temps après et si ta signature est dans ce nombre, c'est que pressé par moi de la donner, tu le fis sur le bureau du club quand il n'y avoit plus de danger ? Qui fit aux Cordeliers, le sur-lendemain, le rapport de cette cruelle journée ? ce fut moi, et ce fut d'après ce rapport que je portai à Prud'homme, que Robert rédigeat le n°. 106 des révolutions; et si Prud'homme eût été poursuivit pour ce numéro, il eût pu montrer mon manuscrit, qu'il a encore, et ç'a auroit été moi que l'on auroit arrêté (1). Je fus décrété de prise-

---

(1) J'ai fais remettre également copie de ce rapport avec des observations sur les auteurs de cé massacre, à Montmoro pour servir à sa défense, ayant été arrêté pour ce fait, et il doit l'avoir encore.

de-corps comme président de ce club, et néan-
moins je présidai encore jusqu'à la fin de
l'orage. Malgré ton impudence à charger les
autres de ta lâcheté, oses démentir tous ces faits
dont j'ai autent de témoins qu'il y a de membres
encore existant de cette société.

Je cessai d'aller aux Cordeliers, au mois de
novembre ; mais alors ils étaient hors de tout
dangers : j'en ai toujours parlé avec l'estime
qu'ils ont merité par leur caractère républicain ;
et toi tu fus de la scision qui s'en sépara ; je ne
cessois pas pour celà d'être occupé de la révolution et de tout ce qui pouvoit être utile à mes
concitoyens. Après la journée du 20 juin, la
Fayette vint insolemment donner des ordres à
l'assemblée nationale ; indigné de cela, voulant
achever de démasquer ce traître, j'écrivis les
crimes de la Fayette, et je les répandois avec
profusion, malgré toutes les baïonnettes qui
étoient encore à sa dévotion, et cet écrit ne
contribua pas peu à terrasser cet homme. Je
contribuai aussi pour beaucoup à la fameuse
journée du 10 août, et rédigeai, un mois avant,
un plan de pouvoir exécutif républicain, pour
remplacer le traître Capet Garin, Fournier,
Granet de la convention, Bourdon de Loise,
Raffron et beaucoup d'autres en sont les
témoins : la veille j'arrangeai mes affaires chez
Gobin, notaire, rue Saint-Denis près celle
du Renard, afin que si je venois à perir dans
ce jour, ma famille n'eût rien à démêler avec
celle de ma femme, à qui je comptai mille écus,

sacrifice qui me coûte encore à raison de la médiocrité de ma fortune.

Sortant de chez le notaire, j'allai prendre mes armes et m'en allai passer la nuit avec les Marseillois et à la section de Marat. Le 10, je marchai avec ces braves et le bataillon des Cordeliers, et malgré que je me trouvai dans le plus fort de la mêlée au château, je ne péris pas; où étois-tu pendant tout ce temps? *tu étois caché, car je te connois.*

L'assemblée ayant décrété le lendemain 11 que Capet et sa famille seroient transférés comme ôtages au palais du Luxembourg; indigné de ce décret. je me présentai le 12, seul et en mon nom, avec une pétition qui fut lue en présence de Capet et dont voici un extrait : « vous avez
» décrété que Louis resteroit en ôtage, je de-
» mande que la garde de ces ôtages, soit une
» garde de sûreté. car un tyran ne pardonne jamais
» et un perfide l'est jusqu'à la mort. Rappellons-
» nous que Catherine, femme du Czar-Pierre,
» du fond de sa prison fit quatre fois soulever
» l'empire; ainsi nous devons donc tout crain-
» dre, tout attendre, de ces êtres dont l'essence
» est le crime; je demande en conséquence que
» vous décrétiéz qu'ils seront transférés dans une
» prison et non dans un palais . car dans tous
» les plus criminels il n'y en a point de pareils ».
Elle fut entièrement décrétée. Un homme qui dans toutes les circonstancees , agit avec ce cou-

rage, ne peut mépriser le peuple, il ne le flatte pas non plus, il le sert, il est franchement son ami, et toi homme nul pour la révolution, qui ne t'es montré que pour cueillir les lauriers que les autres ont gagnés, tu crois avoir tout fait, parce que tu babilles et que tu flagornes sans cesse *le peuple*, en proposant des choses souvent ridicules quand elles ne sont pas inutiles ou impossibles ; tu n'aimes pas les hommes francs et énergiques, dont la présence te reproche ta lâcheté et ta mauvaise foi : c'est pourquoi craignant d'échapper l'occasion de me frapper de l'anathême que tu mérites, tu ajoutas le mensonge à la perfidie ; car peut-on la pousser plus loin que tu le fis, par ces phrases dites en courbant la tête avec l'air hypocrite d'un ex - moine ; *prenons garde, citoyens, car lorsque nous rejettons un membres du conseil, c'est dire au comité révolutionnaire de sa section de l'arrêter.*

Tous les mensonges que tu as débités sur moi avec tant d'audace, tant à la ville qu'aux cordeliers, et qui ont montré ton ame à nud, n'ont été avancés par toi que pour me faire paroître criminel aux yeux de mes concitoyens ; *tu savois bien que tu mentois ; mais tu te disois : je vais l'atterer, il ne pourra répondre, et c'est un homme perdu.* Vas, la vérité, pour être longue à être connue, n'en est que plus terrible contre l'imposteur ; un jour ou l'autre elle coule au peuple comme l'eau à la mer. Ta haine satisfaite t'a fait oublier ton devoir. Organe de la loi, nommé directement par le peuple pour

veiller de plus près à ce qu'il ne soit porté aucune atteinte à ses droits, tu as souffert, que
dis-je ? tu as provoqué, par des mensonges,
la violation des loix et des droits du peuple,
et l'attentat le plus manifeste à sa souveraineté.
Tu as fait violer le code municipal qui n'est
pas abrogé, et par lequel *aucun magistrat ne
peut être destitué que pour forfaiture prouvée*,
tu as fait violer la loi du 28 août 1793, qui n'est
pas non plus abrogée, et par laquelle il est
défendu, sous peine de forfaiture, aux corps
administratifs, de prendre aucun arrêté sur des
matières de législation ou autres qui ne leur
sont point attribuées par la constitution ; et n'est-
ce pas une matière de législation, que de s'ar-
roger le droit de destituer sans jugement, sans
forfaiture, même sans le moindre délit, des
magistrats nommés par la commune entière,
quand les tribunaux ou la convention peu-
vent seuls prononcer. N'est-ce pas anéantir
les droits de cette même commune, et porter
atteinte à sa souveraineté, que de destituer des
magistrats qu'elle a voulu qui soient chargés
de ses droits et de sa représentation. Cette destitution vous est-elle attribuée par la constitution?
Non. Comme organe de la loi, tu n'as donc pu,
sans te rendre coupable sous ces deux rapports,
souffrir ma destitution, ni celle d'aucun
autre mandataire du peuple, sous le spécieux
prétexte d'épurement. Non - seulement vous
anéantissez les droits du peuple, mais même
vous frappés d'une mort morale et politique,
tout membre qui vous déplaît et vous le mettez

en danger de la vie, ou au moins de la liberté.

Comment donc sera la tyrannie ? Crois-tu échapper à la responsabilité, toi qui es là pour veiller à l'exécution loix, d'avoir souffert et provoqué une pareille violation des loix, des principes de la justice et de l'humanité ; d'avoir entraîné le conseil (confiant dans tes lumières), d'erreurs en erreurs, parce que *de bonne foi, il n'a pu croire à la duplicité de ton ame.*

Je reviens à l'arrêté prétendu pris par le peuple, pour achever de dévoiler toute la méchanceté de ton ame, cet arrêté qui met Garin, Favanne, etc. en état d'arrestation.

Favane t'avoit dénoncé à ta section. Je ne sais pourquoi, et tu as voué ta haîne à Favanne ; mais Garin au contraire t'a obligé de toute manière, et comme la reconnoissance pése sur ton cœur, tu as trouvé qu'il n'y avoit pas d'autre moyen, pour t'en débarasser, que de lui faire du mal, et tu en as saisi la première occasion. Depuis quelque temps le fédéralisme arrêtoit toutes les subsistances qui venoient à Paris, et celles qui étoient achetées pour y venir; l'on crioit contre l'administration et toi le premier, et un peu plus fort qu'un autre, bien que tu en connus toutes les opérations; mais cela servoit ta passion, et cela t'a suffit. L'administration crioit elle même con-

tre le ministre de l'intérieur, Garat, et le dénon-
çoit comme partie cause de la disette qui se
préparoit. Des hommes qui vouloient exciter
des troubles, je ne dirai pas qu'ils étoient
payés, car je n'en sais rien, ces hommes ra-
masserent aux portes des boulangers deux ou trois
cents personnes, hommes femmes et enfans
et cela n'est pas difficile ; ils les amenerent
à la ville, alors ne pouvant répondre à plusieurs interpellations qui furent faites par plusieurs de ces citoyens, tu trouvas l'occasion
que tu cherchois depuis long-temps, et tu la
saisis aussi-tôt. Et j'entends à l'instant Chaumette
s'écrier, les citoyens ont raison, il y a long-
temps que l'on ne nous rend pas de compte, il faut
en avoir, et je réquiers au nom du peuple
ici présent, *que conjointement avec lui, le conseil arrête*, que Garin, Favanne, Cousin,
Bidermann et Garat, soient mis à l'instant
en état d'arrestation ; et que trois Sans-culottes
soient placés auprès de chacun d'eux, à raison
de cinq livres par jour. Sur le réquisitoire, *le
conseil, conjointement avec le peuple, arrête etc.*
Cet acte existe dans les proces-verbaux du
conseil, et c'est l'attentat le plus manifeste fait
à la liberté et à la souveraineté du Peuple.

1°. Si le Peuple a manifesté sa volonté par
quelque manière que ce soit, le conseil n'a
plus à délibérer, il n'a qu'à obéir, car il ne
délibère jamais avec le Peuple ? Si le Peuple
n'a pas manifesté sa volonté, le conseil n'a
pas le droit ni le pouvoir de l'exprimer, et

Chaumette en faisant commettre au nom du Peuple cet acte injuste et vexatoire pour satisfaire sa vengeance, lui a prêté toute la méchanceté de son ame; cet homme a osé prononcer *au nom du Peuple l'anéantissement des droits du Peuple !* il a osé dire que deux ou trois cents individus, hommes, femmes et enfans, (qui se trouvoient presens), étoient ce Peuple; sans doute c'en est une petite portion, et si jamais une section ou même douze sections venoient enjoindre au conseil de prendre un arrêté comme étant le vœu du Peuple, je demande si jamais le conseil pourroit arguer auprès de la commune que c'est son vœu qu'il a exprimé; il seroit au contraire très-criminel envers elle, puisque par ce fait il anéantiroit ses droits. Voilà les moyens que pourront employer les intrigans, qui voudront s'approprier tous les pouvoirs : ils feront commettre ainsi *au nom du Peuple*, les actes les plus abominables, ils y seront encouragés par l'exemple de l'ex-procureur de la commune.

Présent à cet arrêté, je m'y opposai, mais je ne fus pas écouté ; alors j'exigeai que Chaumette motivât pourquoi il requerroit l'arrestation de ces citoyens ; j'observai que comme administrateurs, ils ne pouvoient être arrêtés pour n'avoir pas rendu leurs comptes ; que tout ce qu'on pouvoit exiger d'eux, c'étoit qu'ils les rendissent ; que lorsqu'ils seroient appurés, s'ils étoient prévaricateurs, les tribunaux prononceroient leur destitution. Chaumette ne voulant point en avoir le démenti, motiva qu'il requerroit leur arrestation *comme suspect* ; les procès-verbaux font encore foi de cet acte.

Le lendemain il me dit au conseil, *je suis content, j'ai fais mettre Garin et Favanne dedans.* (Il faut croire que le dîné l'avoit mit en gaîté, et le forçait à dire la vérité ; car, à coup-sûr il ne m'auroit pas parlé ainsi, sans cela).

Je me suis présenté seul sur la brèche pour soutenir le serment que j'ai fait comme magistrat, de défendre jusqu'à la mort la liberté, et d'empêcher qu'il ne soit porté aucun atteinte à la souveraineté du peuple. Je n'ai été aidé dans cette lutte que par la raison, la vérité, la justice, mon serment, la liberté, les droits de l'homme, la souveraineté du peuple, mon courage et ma bonne foi ; mais j'espère que le peuple dont je défends ici les droits au péril de ma vie, ne m'y abandonnera pas. J'ai dis la vérité ; jugez et prononcez.

DUNOUY, toujours ennemi des tyrans et de tous les dominateurs, l'un des deux commissaires envoyés à Bordeaux.

Copie de la lettre adressée au conseil général de la Commune, le 15 frimaire.

Par respect pour le malheur, entendez-moi.

Je ne vous peindrai pas le tourment que votre arrêté d'hier m'a fait éprouver; on ne peut être plus sensiblement affecté; vous avez appellez sur moi l'opinion publique; cet acte de rigueur me fera perdre infailliblement l'éstime de mes concitoyens, bien que j'aye tout fait pour la mériter depuis que j'existe, et vous me ravissez en un moment ce trésor si précieux que je préfère à toutes les richesses. Comment le conseil a-t-il pu me soupçonner d'avoir eu des intentions criminelles; les membres qui ne me connoissent pas n'ont dû me juger que d'après leur cœur : et conséquemment n'ont pu m'en croire aucunes, ceux qui me connoissent, savent qu'elles sont pures et qu'elles ont toujours été dirigées vers le bien.

Quoi, vous me punissez de remplir les devoirs sacrés de l'amitié ! Ah ! je desire que chacun de vous ait un ami qui le chérisse également dans l'adversité comme dans la prosperité, et vous connoîtrez alors que c'est peut-être le plus grand bonheur que les foibles humains puissent éprouver dans le court espace de leur existence.

Quoi ! une parole inconsidérée, provoquée par le chagrin de voir mon ami éprouver injustement toutes sortes de désagrémens, est aussitôt travestie en un crime de lèze-nation, et et feroit oublier une vie toujours irréprochable. Que pourroit-on faire de plus contre un aristocrate? Quelles cruelles réflexions cette pénible situation me suggere! devois-je m'attendre qu'une conduite invariable jusqu'à ce jour, qu'un courage ferme et inébranlable dans toutes les époques périlleuses de notre révolution, dont j'ai toujours été un des agens; devois-je penser que ma vie, vingt fois hasardée. et ma fortune toujours abandonnée pour assurer la liberté, dont je fais mon unique bonheur, n'auroient pour récompense que la honte et l'infamie à laquelle vous semblez me vouer.

Moins jaloux de l'estime de mes concitoyens, je me livrerois à l'insouciance; mais résolu, comme je le suis, de servir ma patrie jusqu'à la mort, de toutes les facultés dont la nature m'a doué, je ne puis rester dans cette cruelle et douloureuse situation, qui me condamne à la nullité.

Citoyens, soyez moins sévères contre un patriotes! pesez, pesez dans la balance de la plus rigoureuse justice, et mes actions et mes sentimens connus, avec cette parole dont on m'accuse, et je suis convaincu que vous releverez l'anathême dont vous m'avez frappé, et rapporterez votre arrêté d'hier. Par cet acte de justice, qui ne sera pas le premier que vous aurez fait, puisque vous l'avez fait pour Berthelin, vous prouverez que vous savez faire la différence d'une faute involontaire, d'un crime ; mais quelle que soit votre décision, je n'en serai pas moins invariable dans ma conduite et dans mes sentimens républicains, et Garin , cause innocente de mon adversité, n'en sera pas moins mon ami , auprès de qui j'irai chercher la consolation que je lui ai donnée.

Signé D U N O U.

9 782013 279796